<u>dtv</u>

In einem Beschwerdebrief an die Polizeibehörde heißt es: »Meine 3 Geschwister sind alle völlig ehrlich und unverhaftet aus dem Leben geschieden, was ich auch bis zum vergangenen Monat mit Stolz von mir behaupten konnte.« Oder eine junge Dame empfiehlt sich in einem Bewerbungsschreiben mit den Worten: »Im Englischen und Französischen besitze ich Anfangsgründe, doch wird im Ausland viel mehr Deutsch gesprochen, als man allgemein annimmt.« – Beliebig viele Beispiele dieser Art ließen sich herausgreifen, und auf jeder Seite ist eine köstliche Pointe zu finden. Die Herausgeber haben sie in jahrelanger Sammlerarbeit aufgespürt und einen Teil bereits sehr erfolgreich unter dem Titel ›Es fängt damit an, daß am Ende der Punkt fehlt‹ veröffentlicht.

Emil Waas, geboren am 27. November 1919 in Östringen, war unter anderem Graphiker, Inhaber einer Werbeagentur in Heidelberg und Herausgeber zahlreicher Bücher. Er starb am 13. Juli 1981 in Wiesloch.

Margit Waas, Tochter von Emil Waas, geboren am 1. September 1957, ist Angewandte Sprachwissenschaftlerin an der Nanyang Technologischen Universität in Singapur. Ihre Forschungsschwerpunkte sind unter anderem die Sozio-, Psycho- und Neurolinguistik; sie beschäftigt sich insbesondere mit Stilblüten.

Sehr geehrter Herr Firma!

Stilblüten aus amtlichen
und privaten Schreiben

Herausgegeben
von Margit und Emil Waas

Deutscher Taschenbuch Verlag

Von Margit und Emil Waas
sind im Deutschen Taschenbuch Verlag erschienen:
Es fängt damit an, daß am Ende der Punkt fehlt (962)

Weitere Stilblütenbände:
Die Schule wird von einem Reaktor geleitet (10441)
Wegen Eröffnung geschlossen (10695)
Das größte Insekt ist der Elefant (12327)

Originalausgabe
April 1976
22. Auflage Januar 1999
© 1976 Deutscher Taschenbuch Verlag GmbH & Co. KG,
München
Umschlagkonzept: Balk & Brumshagen
Umschlagbild: © THE IMAGE BANK
Gesamtherstellung: C. H. Beck'sche Buchdruckerei,
Nördlingen
Gedruckt auf säurefreiem, chlorfrei gebleichtem Papier
Printed in Germany · ISBN 3-423-20053-7

Ein Krankenhaus ist ein Art wo man hin geht, um dort geboren zu werden.

Die Freundschaft

Ein aufrichtiger Freund ist ein Mensch, der einem häßliche Dinge ins Gesicht sagt, anstatt sie hinter dem Rücken zu verbreiten.

An das
Oberfürsorgeamt.

Wir sind so arm daß
wir keine Mäntel haben,
und auch nichts, was wir
aufsetzen können, nicht
einmal Schuhe.
Wir bitten um dringende
Abhilfe.

Gregor Kessler
Hinter Gütersamtstr. 1
III. Stock
2 Für von Kinder

Gastwirt ist ~~ein~~ ein schwerer Beruf. Man ~~steht~~ steht mit einem Bein hinter der Theke mit dem anderen aber wegen der Polizeistunde im Gefängnis. Ein Bein aber braucht man für das Finanzamt.

Zur Badenia
E. Friedrich Däumy
Offenburg, Tel. 1091

Früher ließen sich
die Hausfrauen
oft selbst das Fett
aus.

Im schönsten Mannesalter,
Im Kreise seiner lieben
Familie, ist gestern Nacht
mein lieber Mann, wie
eine vom Blitz getroffene
Eiche binnen zwei Wochen
für immer verwelkt !!

Deine Luise

...ellame teme pioggia ed umidità. Bisogna tenere perciò ...orse sempre al riparo dalle intemperie per evitare dan... caso contrario decliniamo ogni responsabilità.

...peaux crain la pluie et l'humiditè; il faut, par conséquent, ...ir le sac à l'abri des intempérie pour eviter dommages; ...contraire nous déclinons toutes responsabilité.

...as Leder for dem Regen Feuchtigkeit fürchten. Um zu ...chaden vermeiden man müss immer die Handtaschen vom ...en Unwetter schützen. Im Gegensatz zu wir jede Verant-...vortlichkeit ablehnen.

...Leathergoods are to be kept in day places. Then, for spare ...domages, must protect the handbags by the weather. On the contrary we decline every responsability.

Pelletterie MARISA - Vicenza

Mein Lebenslauf

Name:	Klasse	Fach
Frank Josef	8	Sch

Mein Großvater und die Tante Friedericke ruhen längst in Frieden im Familiengrab wo sie die letzten Jahre Ihres Lebens im ungetrübten Glück verbracht hatten.

16. Juli 1959   Josef Frank

Widerruf

Ich habe die Witwe
A. Heckroth, von Haiger,
"Satan" genannt.
Dies nehme ich zurück,
da Satan ein Geist-
wesen ist und sie
trägt Menschenhaut.

Wilh. Hentz,
Haiger

Einst und jetzt

Ein späterer Millionär arbeitete damals in seiner Jugend für 3 Dollar in der Woche in einem Lebensmittelgeschäft. Drei Jahre später gehörte ihm schon das Geschäft. — Heute geht das nicht mehr, denn jetzt gibt es Registrierkassen.

Es gibt Völker, bei denen ist Hunger das tägliche Brot.

Sehr geehrter Herr Firma!

Tüchtiger Mann, der sehr gut in der Herstellung von Käse bescheid weiß, bietet sich als solcher an.

Mit erwartungsvollen Grüßen

Leopold Gängele

An die städtische Fürsorge!

Sehendliche Bitte
Mit einem Fuß nage ich
schon am Hungertuch,
während ich für den andern
eine Angehme Bekleidung
 erbitte

Mit wohlwollender
 Hochachtung

 Maria Hüte Ww.

für Ihre Akten

An
Landwirtschaftsministerium

Diese Zeit ist total verrückt!
Früher betrieben wir noch Pferdezucht, heute sollen wir uns auf das Huhn legen!

Ein empörter Landwirt:
Hans Platzner

Eingegangen am 4.11.1974
Erledigt am 8.11.1974

Bewerbungsschreiben der Carola Maßel

Im Englischen und Französischen besitze ich Anfangsgründe, doch wird im Ausland viel mehr Deutsch gesprochen, als man allgemein annimmt.

Es ist viel leichter, einen Menschen totzuschlagen, als ihn wieder Lebendig zu machen.

An das Städtische
Gesundheitsamt

Ich will meinen Georg niemals nicht impfen lassen. Ich glaube nicht an ihr. Meine Freundin Lotte hat ihr Kind auch impfen lassen dann fiel es kurz danach zum Fenster raus und war sofort tot.
Und deshalb nicht sagt und schreibt Frau

Olga Schättler
Tuchentriestraße 13

Bitte um Rücksprache bzw. Stellungnahme
Dr. Hefmeistel
Datum: 12. Dez. 70

Liebes Mitglied!

Zu unserem 25. Stiftungsfest
am 22.9.1955
laden wir Sie recht herzlich ein.

Die Bewirtschaftung liegt in
den allseits bewährten Händen
unseres Mitglieds
Sepp Jungl,
des zweiten Bezwingers der
Matterhorn - Nordwand,
und seiner Ehefrau Maria.

Mit Berg-Heil!

Vorstand

Unser vierter Junge

wurde

das ersehnte Mädchen

Familie Zajkly

Zuerst hatten wir das Matriarchat, später dann das Patriarchat und heute haben wir das Sekretariat.

Reichsarbeitsdienst
Der Führer der Abteilung 4/286
"Walther von der Vogelweide"

Dienststrafbescheid Nr. 87

Ich bestrafe den Arbeitsmann Egon
Annweiler RAD 4/286 mit

<u>2 Tagen verschärftem Arrest</u>

weil er am 10. März 1939 vom Dienst-
ältesten aufgefordert wurde, sein
Benehmen zu ändern. Daraufhin hat
er unmittelbar den Dummen gespielt.

Gegen diese Strafe steht dem Bestraften
das Recht der Beschwerde zu, die frühes-
tens am nächsten Tage und spätestens
am 5. Tage (einschl. Sonn- & Feier-
tage) nach dienstlicher Bekanntgabe
erfolgen muß.

Obelsbach/Main 25. März 1939
(Ort, Tag, Monat, Jahr)

(Unterschrift)

Oberfeldmeister u.
(Dienstgrad, Dienststellung)

Abteilungsführer.

An den
   Herrn Oberbürgermeister
      persönlich

Gestern habe ich bei einem 1. Besuch eines Konzerts des Städt. Orchesters festgestellt, daß z.B. die Geiger nicht immer geigen, sondern sehr oft herumsitzen u. nichts tun. Das muß anders werden, da wir das nicht von unseren Steuergeldern dulden!

Hans Höflinger

Ein pünktlicher
   Steuerzahler!

Herr Hauck!

An der vornehmen Gesinnung und an der feinen körperlichen und geistigen Beweglichkeit erkennt man den gebildeten Herrn und nicht daran, daß er alle acht oder vierzehn Tage das Hemd wechselt. Das lassen Sie sich einmal gesagt sein!

Arno Klenker

Hausaufsatz
Der Nutzen des Schafes

Das Schaf erfreut uns auch nach seinem Tode noch durch den lieb‑lichen Klang seiner Gedärme.

Unsere Familie

Mein Vater hatte nicht weniger als sieben Geschwister, nur meine Mutter stammt aus einer kinderlosen Familie. Aber seit mein Vater gestorben ist, schlägt meine Mutter uns Kinder redlich durch. In Neudorf geboren, hat meine Mutter ihre Wiege nie verlassen. Meine Mutter ist eine Dame von der Farbe bis zur Zehe. Wir haben auch einen Hund. Er ist sehr nett. Er frisst alles, besonders liebt er kleine Kinder. Meine Mutter kann gut Kleider machen. Gestern hat sie aus dem Hinterteil von mir einen Kragen gemacht.

Rinderzuchtverein »Prächtig«

Festprogramm
========================

10.00 Uhr: Ankunft
           der Rinder

11.00 Uhr: Empfang
           der Ehrengäste

12.00 Uhr: Gemeinsames
           Mittagessen

Der Vorstand

Sparplan für unsere Mieter!

Gehen Sie doch bitte gemeinsam auf die Toilette! Dann brauchen Sie nur einmal Wasser ziehen und ~~und~~ wir sparen dann tüchtig. Meine Frau und ich machen es doch auch immer so. Und bei kleinem Geschäft ziehen wir nur ganz, ganz kurz und es reicht.

Walter Marchiard
Hausbesitzer

STÄDTISCHE BÜHNEN HEIDELBERG

Sehr geehrte Frau Manggold!

Ihre Anfrage vom 22. November
betreffend:

Die Damen des Theaterchors
bekommen niedrigere Gehälter
als die hier beschäftigten
Herren, weil sie leichter
zu haben sind.

Für die Richtigkeit:

i.A.

G. Fischer

Liebe Agnes,

nach langen Tagen des Wartens kam der Entscheid, unsere liebe Tote endlich und unter aller Würde zu bestatten.

Mit traurigen Grüssen,

deine Adelheid

Wichtiger Hinweis!

In letzter Zeit wurden in anderen Landkreisen in mehreren Fällen Rinder zur Nachtzeit aus Koppeln entwendet. Um derartigen Diebstählen im Landkreis Neustadt vorzubeugen, wird die Bevölkerung, besonders die Landwirte, auf diese Möglichkeit der Entwendung hingewiesen.

Neustadt (Schwarzwald) 29. Sep. 1961

— Kreisverwaltung —

Kreisinspektor

Bestimmt für den öffentlichen Aushang am Schwarzen Brett in der Zeit vom 1.1o.1961 bis 15.1o.1961.

Aushang
vom 1. Okt. 1961
bis 15. Okt. 1961

geprüft:
Kreisverwaltung

Sachbearbeiter

Der Regenwurm

Der Regenwurm
kann nicht
beißen, weil er
nur zwei
Schwänze hat.

Hochwohlgeborenes
Elektrizitätswerk!

Ich möchte Sie nicht darüber
im Unklaren lassen, daß ich
als zukünftiger Abnehmer
Ihres Stromes nur reinen
Strom von tadelloser Qualitäts-
beschaffenheit zu erhalten
wünsche.

Mit vorzüglicher
Hochachtung!

Berlichingen – Gasthof u. Pension zum Ochsen
Bes.: Franz Schwenk
Fremdenzimmer m. fl. Wasser – Garagen

Frau
Lilly Gilbreth
Bad Mergentheim
Jagdstr. 11

19. 9. 1956

Liebe Frau Gilbreth!
Von unterwegs einen herzlichen Gruß und tausend Dank, daß ich solange in Ihrer Mitte habe sein dürfen.

Anselm Pritgast

Bald brieflich mehr!

Betrifft Plan 2,
Im Sand/
Untere Egerten

An das
Bürgermeisteramt
hier

Eingegangen am 6.1.1975
Erledigt am

Hier hat die Flur-
bereinigung einen
lebendigen Menschen in
zwei Hälften geschnitten,
die sich diametral
gegenüberstehen.

Werner Hennebach

Hohes Fürsorgeamt!

Ich habe den Rheumatismus und ein Kind von 4 Jahren, was auf Feuchtigkeit zurückzuführen ist. Aber wenn das Amt jetzt nicht eingreift und meinem Mann einen Denkzettel gibt, schreite ich zur Selbsthilfe und setze ihn aus, da die Wohnung trotz ihres feuchten Karakters keinen Trinker ertragen kann.

Maria Theoly
Finkenweg 31

Darmstadt, 8. Juni 18

An die Kaiserlichen Verkehrsanstalten des Bezirks.

Es ist die Wahrnehmung gemacht
worden, daß die Betheiligung
der Beamten und Unterbeamten
am Radfahrsport sehr groß ist und
noch täglich zunimmt.
 Sowenig ich gegen eine ver-
nünftige Benutzung des Zweirads
seitens der Beamten und Unterbeamten einzuwenden habe, wenn
ihnen ihre wirtschaftlichen Ver-
hältnisse eine solche Liebhaberei
gestatten, ebenso scharf muß ich es
mißbilligen, wenn namentlich
unangestellte Beamte und Unter-
beamte, welche für ihren Unterhalt
lediglich auf ihre Diensteinkommen
angewiesen sind, sich zu ihrem
Vergnügen Fahrräder anschaffen.
Die Betreffenden lassen die
Tragweite solch leichtfertigen Han-
delns offenbar ganz außer Acht.
Da sie in der Regel nicht in der
Lage sind, das gekaufte Rad
sofort zu bezahlen, so entstehen
ihnen durch die nicht geringen
monatlichen Theilzahlungen

mitunter recht erhebliche Schwierigkeiten. Mit den Anschaffungskosten allein ist es auch nicht gethan, die Instandhaltung des Rades, kleine Unfälle u.s.w. verursachen weitere Ausgaben. Dazu tritt womöglich die Neigung, im Sportanzuge zu fahren, Radfahrvereinigungen sich anzuschließen und dgl., was ebenfalls zu nicht unerheblichen Ausgaben nöthigt. Daß derartige Ausgaben die wirthschaftliche Zerrüttung unbemittelter Beamter pp. zur Folge haben müssen, liegt klar auf der Hand.

 Aus dieser Erwägung richte ich an die Herren Vorsteher der Kaiserlichen Verkehrsanstalten die dringende Mahnung, das oben Gesagte g.F. selbst zu beachten, wie auch den nachgeordneten Beamten von der Beschaffung von Fahrrädern nachdrücklich abzurathen, wenn ihnen die Mittel hierzu nicht offenkundig zu Gebot stehen.

 Beamte pp., welche sich Fahrräder beschaffen, haben falls sie später in Noth gerathen, auf Unterstützung seitens der Verwaltung in keinem Falle zu rechnen.

Der Kaiserliche Oberpostdirektor,
Geheime Ober-Postrath

An Deutscher Ring
2 Hamburg 11
Postfach 11 20 40
Abtlg. Kfz / Schadensregulierung

Sehr geehrte Herren!
An dem Unfall am 18.3.1972 kann ich deshalb keine Schuld haben, weil meine Großmutter im Wagen saß, die immer gut auf mich aufpasst und mir auch diesmal mit dem Regenschirm über den Kopf haute, als das Auto die Kreuzung noch garnicht erreicht hatte.

Mit freundlicher Hochachtung

Otto Mehle

Beschwerde an die Polizeibehörde

Meine 3 Geschwister sind alle
völlig ehrlich und unverhaftet
aus dem Leben geschieden, was
ich auch bis zum vergangenen
Montag mit Stolz von mir
behaupten konnte.

Oskar Kalisch
Augsburg
Hausierer

Sehr geehrter Herr
Rechtsanwalt!

Wenn jemand dem Zeugen
den Floh in's Ohr setzt,
wird sofort ein Elefant
daraus, und dieser wird
dann auch noch öffentlich
breitgetreten.

Mit wütendem Gruß

Hallstadt, den 17. Okt. 1951

Beschl.

Zu den Akten.

HAUSMITTEILUNGEN

von VB West

(Betriebsstelle)

an HN

Betriebsstelle

Betr.: Unter den hiesigen Arbeitern von VB West befinden sich keine Wöchnerinnen.

Hausmitteilung die jeweils vom Verfasser unterzeichnet wird.

Firma
Masefich

6 Frankfurt/Main
Postfach 11.2260

8. Nov. 1972

Sehr geehrte Herren!

Bei dem von Ihnen gelieferten Fertighaus Marke „Masefich" (zum Selbstbauen) habe ich Schwierigkeiten. Immer ~~noch~~ wenn ich vor die Haustüre trete, stehe ich auf dem Dach.

Erbitte Ihren Bezirksvertreter!

Hochachtungsvoll

J. Hamber

HD-Schriesheim
Karolingerweg 10

Deutscharbeit Nr. 4

In der Regel trugen die Germanen rote Bärte,

An die
Herren Offiziere
des Regiments!

Zu dem am 21. März 1937
stattfindenden Ausflug
mit Damen können auch
die Herren Offiziershunde
mitgebracht werden.

Im Auftrag:
Lomyn
Obergefreiter

Meldung und Beschwerde

  Viele Frauen und Kinder
müssen täglich durch die
grossen Dreckpfützen laufen,
um von dem dort liegenden
Milchhändler Ernst Haakh
die Milch zu holen

Allerseelengedanken

Die Toten wissen es
auch jenseits, wer sich
zuletzt um sie gekümmert
hat. Und das vergessen
sie ihm ihrer Lebtag nicht

Rabro

An Deutscher Ring
2 Hamburg
Postfach 11 2o 4o

Betrifft: Kfz (Schadensreg.)

Sehr geehrte Herren!

Ich mußte die Fußgängerin not-
gedrungen streifen, weil sie
vor mir auf der Straße erschienen
war, wo sie garnicht hingehörte.
An dem Unfall bin ich völlig
schuldlos. Der Hund meines
Nachbarn ist Zeuge. Er heißt
Cäsar. Der Unfall kam nur deshalb
zustande, weil ich mir von der
Dame ein falsches Bild gemacht
hatte: die von mir gestreifte
Person ist nur eine Prostituierte,
so daß höchstens Sachschaden
in Frage kommt.

Mit vorzüglicher Hochachtung!

Ein tolles Erlebnis

Aufsatz Nr. 2

Ich fiel mit meinem Fahrrad in ein Loch und schlug mir dabei ein zweites in die Stirn.

Die Wissenschaft

Die Wissenschaft erklärt nur ihre geistigen Dinge.

Sie befaßt sich nur mit dem reinen Wissen.

Der Verstand wird dabei völlig ausgeschaltet.

Vor dem Frühstück soll man nicht arbeiten, wenn man aber mal vor dem Frühstück arbeiten muß, soll man wenigstens vorher etwas essen.

Mozart

Mozart ist schwärmerisch verarmt und zu seinen Lebzeiten blieben ihm viele Erfolge erspart.

Lieber Weihnachtsmann!

Was ich mir wünsche.

Ich und meine Eltern gehen schon 10 Jahre mit dem Regenschirm auf den Abort und ich wünsche mir daher ein Spülklosett.

Aufsatz

Man sieht es den Nerven oft noch im hohen Alter an, daß sie einmal jung waren.

Nacherzählung

Der Bauer zählte seine zahlreiche Familie und stellte dann fest, daß keines seiner Kinder fehlte. Dies gab ihm einen Trost. und er fing von. neuem an.

2. Geographiearbeit der OII a

Wieviele Inseln liegen im
Indischen Ozean und wie heißen
sie?

Im Indischen Ozean
liegen sehr viele Inseln
und ich heiße Krämer,

Aufsatz

Antipoden gibt es nicht. Infolgedessen kann es auch keine geben.

Die Pilze

Pilze wachsen immer an feuchten Plätzen und darum haben sie auch immer das Aussehen von Regenschirmen.

Den Ärzten von heute kommt es bei ihren Patienten auf ein paar Beine oder Arme mehr oder weniger nicht mehr an.

Liebe Freundin!

In dem Bewußtsein, nun auf eigenen Füßen stehen zu müssen, lege ich mich nun nieder.

Bald mehr.

Dein
Will

Sehr geehrter
Herr Dongs!

Greifen Sie
sich doch
einmal
nachdenklich
und aufrichtig
an den Kopf,
und Sie werden
gleich
sehen, wo
Sie der
Schuh drückt.

Mit vorzüglicher
Hochachtung!

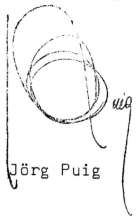

Jörg Puig

Sehr geerter Frollern
  Lehrerin!
Meine Tochter Klara
komt immer jewasch-
en in Schule!! Aber
wat ick so energisch
sagen will: se sollen
ihr nich riechen se
sollen ihr lernen
  Familie Schwarz

Mi. 4. 9.

Sehr geehrter Herr
    Hausbesitzer!

Nach zweimonatiger Warte-
zeit haben wir immer noch
keinen Keller und keine
Badewanne, womit man
uns den Mund wäßrig
gemacht hat

   Hochachtungsvoll

      Fannni Deidlig

Wehrtes Amtsgericht!

Von Vorstrafen kann in meinem Fall keine Rede sein, weil meine damaligen Verurteilungen wegen Betrugs auf Irrtümer seitens des Gerichts zurückzuführen sind. Ich habe deshalb auch jedesmal Berufung dagegen erhoben, aber als geborener Pechvogel hatte ich damit ebensowenig Glück wie mit ehrlicher Arbeit, bei der man es heutzutage beim besten Willen zu nichts mehr bringen kann, was den Herren vom Gericht ja aus eigener Erfahrung bekannt ist.

Dies unterschreibt eigenhändig:

Martin Groh

Sehr geehrtes Gericht!

Ich streite garnicht ab und schreibe blos die Wahrheit! Ich gebe auch zu, dass ich 3 mal vorbestraft bin, und nicht immer ganz ehrlich gehandelt habe. Aber den Diebstahl am 5. Mai streite ich ab. Sonst bin ich gerne jederzeit geständig. —

Mit hochachtungsvollen Grüßen:

Mathias Ergner.

1.159 Verkehrs-tote sprechen eine beredte Sprache!

Die Wirtschaft.

Hierbei darf nicht unerwähnt bleiben, daß nicht Amerika, wie man allgemein annimmt, sondern England das Land der großen europäischen Vermögen ist.

Für die Arbeitslosen

Im alten Rom gab es nur zwei Möglichkeiten:
penis et circenses

Lieber Freund!
Unser Fußballklub
ist in dieser Spiel-
Zeit die seltsamste
Brauerei:
er hat überall
Niederlagen, aber
nur 11 Flaschen!
Ohne mehr für
heute!
Dein Freund
  Wolfgang

Am Aschermittwoch und Freitag darf man kein Fleisch essen außer einen Schwerkranken.

Sehr geehrte Fabrik!

Ich habe eine Packung Ihrer Weihnachtskerzen im Sonderverkauf erstanden mit der Aufschrift „fehlerhaft". Das war aber eine Untertreibung. Sie hatten ja überhaupt keine Dochte!!

Dies teilt Ihnen mit
Frederike Weiz
Buchhausen
Im Anger 1

Wie kann man denn
wissen, ob man satt
ist, wenn man kein
Leibweh hat?

Flehentliche Eingabe

Am 17. November 1924 hat die Welt mein Licht erblickt. Meine Jugend verlief völlig erschütterungsfrei. Ich habe mich auch immer mit voller Kraft dafür eingesetzt, daß der Bevölkerungszuwachs nach Möglichkeit gefördert wird. Nun aber weiß ich nicht mehr, wohin mit meinen 6 Köpfen, und bitte um eine größere Wohnung.

Paul Wellmann

Für Hanna:

Durch Zufall lern"
ten wir uns kennen,
Doch leider nur für
kurze Zeit,
Bald mußten wir uns
wieder trennen.
Leb'wohl, leb'wohl
 in Ewigkeit!

Dies schrieb Dir zur
Erinnerung Deine
Dich liebende
 Mutter

Mitgeschrieben in einem Kolleg von Professor Krämer:

Bitte stellen Sie sich eine gläserne Kugel vor – d.h. sie braucht nicht ~~xxx~~ unbedingt aus Glas zu sein, und es braucht auch keine Kugel zu sein.

Leserzuschrift:

Ein Vorschlag zur
          Verkehrsstauung

Die Stauungen zu den Hauptverkehrszeiten wären mit einem Schlag behoben, wenn alle Verkehrsteilnehmer sich entschließen könnten, eine Viertelstunde später zu fahren.

Nehmen wir einmal den ganz gewöhnlichen Fall, daß die Ehefrau ihren Liebhaber bittet, den Ehemann zu töten, mit dem Versprechen ihn dann zu heiraten.

Halb besoffen ist rausgeschmissenes Geld!

P.S.

Ich am Fuße dieses Schreibens ergebenst Unterzeichnete wollte recht herzlich bitten, mir aus meiner schlechten Kleidung herauszuhelfen. Dergleichen kann ich mit den 2 Kindern nicht einmal auf die Straße gehen um Gesundheit zu schöpfen.

Amanda Weber

Erledigt

Bekanntmachung.

Die Unterzeichneten nehmen die über den Polizei-Wachtmeister **Richard Roscher** verbreiteten verleumderischen Aussagen als unwahr mit dem Ausdruck des Bedauerns zurück und zahlen als Buße je 400 Mark an die Armenkasse hier.

Heidelberg, den 20. September 1920.

Frau Barbara Schön, geb. Schöpflin
Franz Weber, Res.-Lokomotiv-Führer nebst Frau, geb. Johanna Löffler.

Drucksachen aller Art liefert schnell und gut die Druckerei der Neuesten Nachrichten

An den
Parteivorstand

Nachdem ich gegen den Antrag
Qu/12 a geschrieben und damit
den Zweck seiner Wieder-
aufnahme erfüllt habe, ziehe
ich ihn meinerseits nun
auch wieder zurück.

A. Weinmüller
Abgeordneter

VS-VERTRAULICH

Sehr geehrtes Heirats-
institut!
Ich, ein älterer Geschäfts-
mann, suche ruhige
Frau bis 65 Jahre, evtl.
auch vom Lande, für
den letzten Lebensabend.
Möchte mich gerne ganz hin-
verströmen, aber nicht mehr
im Beruf, sondern in einer
Ehe. Vielleicht haben Sie
eine passende Frau, die
meinem einsamen Le-
ben ein Ende macht.
Mit großer Hochachtung!
Egon Schmidth

Eingegangen am 27...
Erledigt am ....

Weinheim, 26.2.

Sehr geehrte Herren!

Nachfolgende <u>Bestellung</u> erbitten
wir zur umgehenden Lieferung:

2 Dutzend Hemden, A4, weiß
2 Dutzend Hemden, E5, weiß/blau

Hochachtungsvoll

Soeben teilt mir meine Frau Maria
mit, daß wir mit den oben be-
stellten Hemden noch reichlich
eingedeckt sind. Sie wollen die
Hemden daher bitte n i c h t
senden!

D. O.

Antrag

Da ich noch mehrere heiratslustige Geschwister habe, bin ich nicht im Stande, mit meiner Frau zusammen zu schlafen. Wir sind gezwungen, um unseren ehelichen Pflichten nachzukommen, in den Wald zu gehen. Jetzt ist es zu kalt.

Siegfried Wau

Sachlich richtig und festgestellt

PALASTHOTEL DREI MOHREN

Sehr geehrte Frau Schurig,

wir geben Ihnen jetzt schon
das feste Versprechen, Ihren
Aufenthalt in unserem Hause
zu einem freudigen Ereignis

zu gestalten.

Mit vorzüglicher Hochachtung!

Hoteldirektion

Sehr geehrter Herr Direktor!

Das eine lassen Sie sich

gesagt sein:

Auch ein kleiner Ange-

stellter kann 1,92 Meter

groß sein.

Hochachtungsvoll

*Auszug aus dem Protokoll
über die Sitzung der
Stadtverordneten am 19. März 1926*

*Im letzten Jahrgang werden
alle Kinder planmäßig
untersucht und zahnärztlich
behandelt, damit die
schulentlassenen Kinder
auf gesunden Zähnen in's
Leben treten.*

Für die Richtigkeit

Strudel

POSTKARTE

Herrn
Emil Waas

6900 Heidelberg 1
Wieblinger Weg 31

754 Neuenbürg
Marxenacher Weg 8

soweit ganz gut.
Wenn wir 3 Raten
auf die Waschmaschine
und eine auf den
Kühlschrank aus-
lassen, dann reicht
es für die Anzahlung
auf den Fernseh-
apparat. Bald mehr
von Deiner Sofie

VERBAND DEUTSCHER BIENENZÜCHTER e.V
KÖLN
MANGGARTENSTRASSE 23

Köln, 2. April 195

Rundschreiben
an alle ehemaligen Vereins-
mitglieder

Auf der ersten Verbandstagung,
März 1950, wurde beschlossen,
die Sterbehilfe wieder auf-
leben zu lassen.

E. Heinrich
1. Vorsitzender

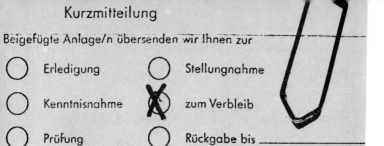

Kurzmitteilung

Beigefügte Anlage/n übersenden wir Ihnen zur

- ◯ Erledigung
- ◯ Stellungnahme
- ◯ Kenntnisnahme
- ✗ zum Verbleib
- ◯ Prüfung
- ◯ Rückgabe bis _____

Achtung! Wichtig!

Der Posten 195 des Haushalts-
planes 1952 im Landkreis
N e u s t a d t / L.
erhält

DM 150,--

als Prämie für Obstbaum-
frevel und 2 Diebstähle.

Deulig

Ein Erlebnis

Am Sonntag war ich mit meinem Vater zum ersten Male in Augsburg. Wir kamen an einer großen Kirche vorbei, und ich fragte ihn: "Was ist das für eine Kirche?" Mein Vater sagte: "Ich weiß es nicht!" Dann kamen wir an einem hohen Turm vorbei, und ich fragte wieder: "Was ist das für ein Turm?" Mein Vater sagte: "Ich weiß es nicht!" An einem sehr großen Haus vorbeikommend, fragte ich wieder. Mein Vater wußte es nicht. Später blieb er stehen, stellte sich vor mich hin und sagte ernst: "Bub, frag nur immer tüchtig, damit du was lernst."

Dienststrafbescheid!
=====================

Der Reiter

Emil K Ä P S E L E

wird mit
2 Tagen verschärftem Arrest

bestraft, weil er bei der
letzten Übung, einen
Gefechtswagen darstellend,
derart über einen Graben
gesprungen ist, daß im
Ernstfall die Deichsel
gebrochen wäre.

v. Serdlielski

Rittmeister und
Schwadronschef

27.11.1912

An das Heidelberger
Tageblatt
Leserzuschrift:
Der Vorfall am 12.12.
1956 weist wieder auf
die ständig schwärende
Eiterbeule des ungeschütz-
ten Bahnübergangs hin.
Eine empörte Leserin..

Atmen ist sehr gesund!

Verloren:
Ein Pfandbrief, in nichts eingewickelt, sowie ein schwarzer Schirm. Wer beides Sandwingert 7 absiebt, erhält täglich von 9 bis 10 Uhr eine Belohnung!

Pfans

Lieber Sportsfreund

Der Klubabend am Freitag den 2. März, entfällt.
Gäste herzlich willkommen!

Die Vereinsleitung

i.A. Spor

Allerwerteste Filmgesellschaft!

Es ständen Ihnen, wenn Sie
beiliegendes Filmmanuskript
durchgelesen haben, eine
wertvolle Filmsache zur Ver-
fügung. Der Inhalt ist im Ton-
film bisher nicht dagewesen:

ein Drittel graue Vergangenheit,
ein Drittel Gegenwart und
ein Drittel Liebe!

In der Hoffnung, bald von Ihnen
zu hören, bin ich mit
ergebenen Grüßen

M. O. Dühl

Martin Otto Dühl
Walldorf
Östringer Straße 12a

1 Anlage: Filmmanuskript
"In Rosen geküßt"

Meldung

Die Hilfsarbeiterin

Anneliese   A d e n

aus Mingolsheim
warf sich am 11. Oktober
1970 um 12 Uhr 24 Minuten
vor die Lokomotive E 604.
Als Motiv der Tat wird
Selbstmord angenommen.

Deutsche Bundesbahn
Fahrkartenausgabe Mingolsheim - Kronau
7525   Bad Mingolsheim
Bahnhofstraße 2
Tel.: (07253) 259
7209

Verlag der Reform

BUCHVERLAG

Sehr geehrter Herr BÖNG!

Wir können Ihnen die für Sie
sicher sehr erfreuliche Nachricht
machen, daß wir Ihr eingereichtes
Manuskript in Kürze als Taschenbuch veröffentlichen wollen.
Zur Vermeidung von Mißverständ-
nissen müssen wir Sie jedoch
bitten, einen anderen Titel
als "Der Urinstinkt" zu wählen.

Mit freundlichen Grüßen

Hans Mayer

ichtiger Hinweis!

Die Bevölkerung wird
darauf hingewiesen, daß
alle Meldungen, die bei
der Polizei eingehen,
kostenlos behandelt werden.
Unterstützung bei
Einbrüchen oder sonstige
Hilfeleistungen durch
die Kriminalpolizei
sind ebenfalls kostenlos!

[Unterschrift]

Polizeiwachtmeister

Zum Anschlag
am Schwarzen Brett

Bonn, 29.1.197

Sehr geehrte Herren,

in der Anlage erhalten Sie
"Bundesgesetzblatt"
Teil I, Z 1997 A,
ausgegeben zu Bonn am 25. Januar 1975,
Nummer 9,
dem Sie bitte auf Seite 298
entnehmen wollen:
Verordnung zur Änderung der
Zweiten Verordnung zur vorüber-
gehenden Änderung der Verordnung
über die Beförderung gefährlicher
Güter auf dem Rhein.
9502-13-2-2, 9502-13-2

Mit vorzüglicher Hochachtung

Amtmann

An die
Leserbriefredaktion
der Rhein-Zeitung

54 Koblenz
Postfach 1540

In Koblenz fuhr am Mittwoch-
abend ein sogenannter kalter
Schlag in einen Akazienbaum
des Amtsgartens und sprang
schließlich auf einen in
der anliegenden Straße
stehenden Wagen des Bier-
verlegers Wolfgang Hennig
über, diesen am Hinterteil
zersplitternd.

Mit freundlichen Grüßen !

E. Gehlen
Ein treuer Leser

(Tagesstempel)

Polizeibericht

Die Zahl von 25 bekanntge-
wordenen Sittlichkeits-
delikten ist wenig erfreulich,
wird aber abgeschwächt durch
die Arbeit der Polizei, die
27 Sittlichkeitsdelikte, also
1o8 Prozent der bekanntge-
wordenen Fälle, aufzuklären
vermochte.

Je älter der Mensch wird, umso goldener werden seine Zähne.

Ohne Begleitschreiber an

zu
Sammler
v-Atz 5/339.84
v. 21.Mai 72

Heidelberg,

Montag, 21. Mai

Die Tagesordnung umfaßt
Beleidigungen, Verletzungen
der Unterhaltspflicht,
Diebstähle und andere
belanglose Angelegenheiten.

Zum Aushang
am Schwarzen Brett

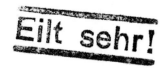

An das
Gymnasium
St. Raphael

In Kürze erhalten Sie ein
Rundschreiben, das den Tag
des Schuljahrbeginns bekannt-
gibt, der endgültig auf
den 22. September 1960
festgelegt worden ist.

Die Schulbehörde

Weitere Bearbeitung durch:

i.A.

Das Schwein

Beim Schwein kann man von vorn bis hinten alles verwenden.
Sogar sein Namen kann man noch als Schimpfwort gebrauchen.

Der Aufstieg

Ein Luftschiffer stieg am Dienstag in Braunsberg, mit seinem Trapez an seinem Ballon hängend, in die sommerlichen Lüfte. Tausende von Menschen folgten folgten seinem Beispiel.

Sehr geehrte Herren,
ich porträtiere in Öl
oder Aquarell nicht
nur einzelne Personen,
sondern auch ganze
Familien. Auch tote
Personen nach dem
Leben.
Halte mich deshalb
höflich empfohlen

Ihr

Georg Canally

Liebe Helma!

Der Doktor sagte zu mir nach der Untersuchung, mein Karl leidet an Säuferwahn. Aber der Doktor liegt ganz schief: denn das ist kein Wahn, er säuft wirklich!

Es grüßt Dich
Deine Friederike

Gutschein
— gültig bis 24. Mai 1913 —
Heidelberger Zeitung

Inserattext:

Achtung! Bitte, meiner Frau
nichts borgen, sondern mir, da ich
für nichts aufkomme.
Lothar Bach, Schützenstr. 12/IV

Aktennotiz

ngespr. ./.   Datum: 23.3.55
              Uhrzeit: 16³⁰

Bemerkungen: Der junge Mann, Xaver Möggeli, der hinter dem Steuer des Borgward saß. Kam mir sehr jung vor, weshalb ich ihn nach seinem Führerschein fragte. Da sagte er zu mir: „Wieso, den bekommt man doch erst mit achtzehn Jahren?"

Fritz Fehts
Polizeiwachtmeister
2. Revier

Meldung beiliegend

Emil Waas [signature]

Emil Waas, 69 Heidelberg 1
Wieblinger Weg 31
Telefon (06221) 83287

An die
Rhein-Neckar-Zeitung
Anzeigenabteilung

69 Heidelberg 1
Hauptstraße

21.4.1975

Sehr geehrte Herren,

in der von mir am 17.4.1975 auf-
gegebenen Anzeige, die am 19.4.1975
erschienen ist, sollte ein "Autor"
eine Schreibkraft suchen. Jetzt
sucht da ein "Auto" eine Schreibkraft!
Bitte wiederholen Sie die Anzeige
am 26.4.1975 mit dem "r" hinter
dem Auto.

Mit freundlichen Grüßen

Emil Waas [signature]

An den Chef der
3. Kompagnie!

Ich habe mich drei Jahre
zu den Soldaten ver=
pflichtet. Jetzt werde
ich Vater, kann ich das
noch rückgänig
machen?

Lothar Walzel
Gefreiter
3. Kompagnie

Eingegangen am 8.4.62
Erledigt am ./.
weitergeleitet
an II/VA

Sehr geehrter Herr Vögl!

Nach Rücksprache mit meiner Frau wollen Sie bitte in den bereits ausgesuchten Grabstein folgendes einmeißeln:
Hier ruht unser Sohn
Alfons Heu
1901–1940
sanft ruhn seine Gebein,
welche zu großen
Hoffnungen berechtigten.

Mit freundlichen
Grüßen
Oskar Heu

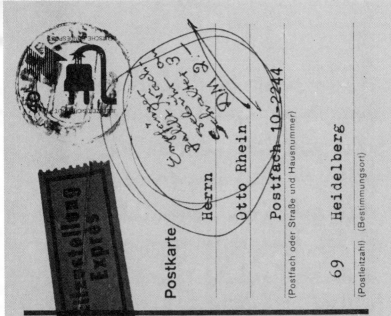

Postkarte

Herrn
Otto Rhein
Postfach 10-2244

69 Heidelberg

Übrigens:
Die Belegschaft unserer
Fabrik hat sich über
Geruchsbelästigungen
beschwert. Das Gewerbe-
aufsichtsamt ordnete an,
daß in den Betriebsräumen
sofort für Abhilfe zu
sorgen ist. Wie Du weißt,
werden bei uns Parfums
hergestellt.

Mit freundlichen
Grüßen
Anton + Tom

Ich war so aufgeregt, als ich den Herrn Angeklagten und seine Gattin plötzlich nackt in den Wiesen am Fluß spazierengehen sah, daß ich garnicht auf die Idee kam, ich könnte im diskret geduldeten Nacktluftbad des Freikörperkulturbundes stehen und verlangte sofort die Vorzeigung der Kennkarten, was die Beiden nicht vermochten.

Paul Birkenfeld,
Polizist

27. Juli 1951

Blatt 2

- Fortsetzung des
Berichtes von
Seite 1 -

und so forderte zum Schluß
seiner Rede Herr Landrat
Tütell am 12.10.1949, daß
es jetzt an der Zeit wäre,
Goethe wieder lebendig
werden zu lassen.

Nach Durchsicht
bitte abzeichnen
und weiterleiten

13. Okt. 1949

Die veehrten
Patientinnen
werden gebeten,
im Wartezimmer
keine
Symptome
auszutauschen!

Aus gegebenen Anlässen:

Dr. Schäfer

Alerwichtikst!

Alerwertestes Firsorgeahmt!!

Meine Unterstitzung reicht nicht aus weil ich mit meinem einem Bein eine fünfköbfige Familie ernehren mus.
Dem mus abgeholfen werden!
Bite lasen Sie es mich umgehent wisen fals Sie dieses Schreiben nicht erhalten haben.

Mit hofnungsvolen Krisen!
L. S. Adams, 60%
Sechshäuserweg 2/III.

Neustadt, 27.11.1950

Werter Gerichtshof!

Es ist richtig, daß der
R e i c h e r t , Willy
mal geschnappt wird!
Denn wenn aus einem jungen
Menschen, wie es Reichert
ist, überhaupt einmal etwas
werden soll, dann muß er im
Keime erstickt werden!

Mit vorzüglicher Hochachtung!

Liebes Fräulein Adelheid, alles was
gestern meinem Innern entquoll, war
mir lieb und
teuer.
  Ohne mehr
für heute!

Immer
Ihr
Eugen!

Lieber Heinz!

Die Auflösung der Verlobung mit Maria kam ganz von selbst. Sie erzählte mir, was sie sich zum Geburtstag wünsche, und ich erzählte, was ich im Monat verdiene.

Bald mehr
von Deinem Karl

Liebes Amt!

Ich bin Familienfater fon 5 Kindern. Das älteste ist 10 Jahre alt. Meine Wirtschaft muß ich mit einer Magd bearbeiten welche 30 Morgen groß ist. Einen Knecht trägt dieselbe nicht. Ich bitte um weitere Bearbeitung.

Ignaz Lotzel
In der Aue 3

Duplikat 25

<u>Protokoll</u>

Ich gebe hiermit zu Protokoll, daß die zwei Schutzleute meinen Freund Hand gepackt hatten. Ich stand da, in der einen Hand meinen Koffer, mit der anderen sagte ich zu meinem Freund: "H#### Hans, du gehst zu mir!"

Werner Bennebach

Werner Bennebach

Vorgelesen, genehmigt und unterschrieben: 24. April 1956

Beim Besuch des Regierungsgebäu=
des in Mainz durften wir auch
in das Arbeitszimmer des Min=
istepräsidenten schauen. Da
hängt ein Landschaftsbild, das
so menschlich ist, daß selbst
die Kühe darin nicht fehlen.

Sehr geehrter Herr Rinser!
Ich nehme die Beleidigung
gegen Sie im betrunkenen
Zustand mit Reue zurück.

Mit Hochachtung
Gerhard Falle

Freiburg, 12.2.1974

Liebe Olga!

Heuer war richtig Fastnachtstag. Die offen stehen Weihnachtsmittel führen nicht, dadurch gab es bei uns wenigen Orgen. Die Weihnachtsorg hat 40.000 Mark eingebracht. Auch die Müll in unserem westlichen Gottesstunden bleibt liegen. Die Gesellschaft ging außergewöhnlich darüber hinweg.

Paul geht es gut. Ich soll dich von ihm herzlich grüßen. Die euch gegrüßt

von Deinem Tante Olga

Unser Heimatdorf.

Außer der Hauptstraße, welche das Rathaus, die Apotheke sowie die Gasthöfe zum Adler, Ochsen und Lamm enthält, gibt es noch zwei Abwege, von denen der eine zur katholischen, der andere zur evangelischen Kirche führt.

Das mit den Bienen und Blüten verstehe ich nicht. Wer wird denn dabei schwanger?

den Fußgängerüberweg über die Friedrichstraße – (zur Gewerbeschule II hin) beibehielt, trampeln irgendwelche Fußgänger immer noch über den gesperrten Mittelstreifen. Vielleicht ist das nicht nur Gewohnheit, sondern die Faulheit, zwanzig Meter Umweg zu machen, um einen ordnungsgemäß gesicherten Zebrastreifen zu benützen. Immerhin können sich solche Fußgänger ins eigene Fleisch schneiden, dann nämlich, wenn sie eines Tages angefahren werden.

Mit herzlichen Grüßen
von Deiner Margarete

Lieber Wolfgang!

Gestern habe ich mich im Bastelkeller in die linke Hand geschnitten. Maria hat den Doktor angerufen und bis er kam hat sie mir mehrfach die Wunde mit Benzin ausgewaschen. Dann ging ich auf die Toilette und habe mir – schon behaglich sitzend – eine Zigarette angesteckt und das brennende Streichholz hinter mich in die Kloschüssel geworfen. Aber Maria hatte vorher dahinein die benzingetränkte Watte geschmissen. Eine gewaltige Stichflamme schoß deshalb hoch, Porzellansplitter flogen umher und verletzten mir einige wichtige Körperteile. Der Doktor mußte wieder her aber nach der Besichtigung meiner lädierten Körperteile veranlasste er, dass man mich ins Krankenhaus

schaffte.
Die Sanitäter kamen und
luden mich auf die Trag-
bahre. Dabei erzählte ich
ihnen, wie es zu meinen Verletzungen kam. Die beiden
lachten schallend und da
sie mich gerade die Treppe
hinunter trugen,
ließ der Hintermann
den Griff los. Ich kippte
von der Bahre und
flog die Treppe hinunter,
mir dabei auch noch
den linken Arm
brechend.

Herzliche Grüße an Dich
und Margarete
von Otto und Maria

POSTKARTE

Fräulein
Margrete Laborgue

6803 Edingen
Bahnhofstr. 13

Liebe Braut!

Bin heute zum Hauptgefreiten befördert worden und habe damit den höchsten Grad der Gemeinheit erreicht.

In treuer Liebe
Dein Theodor

Erich Kästner im dtv

»Erich Kästner ist ein Humorist in Versen, ein gereimter Satiriker, ein spiegelnder, figurenreicher, mit allen Dimensionen spielender Ironiker ... ein Schelm und Schalk voller Melancholien.«
Hermann Kesten

Doktor Erich Kästners Lyrische Hausapotheke
dtv 11001

Bei Durchsicht meiner Bücher
Gedichte · dtv 11002

Herz auf Taille
Gedichte · dtv 11003

Lärm im Spiegel
Gedichte
dtv 11004

Ein Mann gibt Auskunft
dtv 11005

Fabian
Die Geschichte eines Moralisten
dtv 11006

Gesang zwischen den Stühlen
Gedichte · dtv 11007

Drei Männer im Schnee
dtv 11008 und
dtv großdruck 25048
»Märchen für Erwachsene«, das durch seine Verfilmung weltberühmt wurde.

Die verschwundene Miniatur
dtv 11009 und
dtv großdruck 25034

Der kleine Grenzverkehr
dtv 11010
Die Salzburger Festspiele lieferten den Stoff für diese heitere Liebesgeschichte.

Die kleine Freiheit
Chansons und Prosa
1949–1952
dtv 11012

Kurz und bündig
Epigramme
dtv 11013

Die 13 Monate
Gedichte · dtv 11014

Die Schule der Diktatoren
Eine Komödie
dtv 11015

Notabene 45
Ein Tagebuch
dtv 11016

Rafik Schami im dtv

»Meine geheime Quelle ist die Zunge der anderen. Wer erzählen will, muß erst einmal lernen zuzuhören.«
Rafik Schami

Das letzte Wort der Wanderratte
Märchen, Fabeln und phantastische Geschichten
dtv 10735

Die Sehnsucht fährt schwarz
Geschichten aus der Fremde · dtv 10842
Erzählungen vom ganz realen Leben der Arbeitsemigranten in Deutschland.

Der erste Ritt durchs Nadelöhr
Noch mehr Märchen, Fabeln & phantastische Geschichten · dtv 10896

Das Schaf im Wolfspelz
Märchen & Fabeln
dtv 11026

Der Fliegenmelker und andere Erzählungen
dtv 11081
Geschichten aus dem Damaskus der fünfziger Jahre. Im Mittelpunkt steht der unternehmungslustige Bäckerjunge aus dem armen Christenviertel, der Rafik Schami einmal gewesen ist.

Märchen aus Malula
dtv 11219
Rafik Schami versteht es, in diesen Geschichten den Zauber, aber auch den Alltag und vor allem den Witz und die Weisheit des Orients einzufangen.

Erzähler der Nacht
dtv 11915
Salim, der beste Geschichtenerzähler von Damaskus, ist verstummt. Sieben einmalige Geschenke können ihn erlösen. Da schenken ihm seine Freunde ihre Lebensgeschichten...

Eine Hand voller Sterne
Roman · dtv 11973
Alltag in Damaskus. Über mehrere Jahre hinweg führt ein Bäckerjunge ein Tagebuch...

Der ehrliche Lügner
Roman · dtv 12203
Der weißhaarige Geschichtenerzähler Sadik erinnert sich an seine Jugend, als er mit seiner Kunst im Circus India auftrat. Und an die Seiltänzerin Mala, seine große Liebe...

Herbert Rosendorfer im dtv

»Er ist der Buster Keaton der Literatur.«
Friedrich Torberg

**Das Zwergenschloß
und sieben andere
Erzählungen**
dtv 10310

Vorstadt-Miniaturen
dtv 10354

**Briefe in die chinesische
Vergangenheit**
Roman
dtv 10541 und
dtv großdruck 25044
Ein chinesischer Mandarin
aus dem 10. Jahrhundert
gelangt mittels Zeitma-
schine in das heutige
München und sieht sich
mit dem völlig anderen
Leben der »Ba Yan« kon-
frontiert...

**Stephanie und das
vorige Leben**
Roman · dtv 10895

**Königlich bayerisches
Sportbrevier**
dtv 10954

**Die Frau seines
Lebens und andere
Geschichten**
dtv 10987

Ball bei Thod
Erzählungen
dtv 11077

**Vier Jahreszeiten im
Yrwental**
dtv 11145

Eichkatzelried
dtv 11247

**Das Messingherz oder
Die kurzen Beine der
Wahrheit**
Roman · dtv 11292
Der Dichter Albin Kessel
wird eines Tages vom
Bundesnachrichtendienst
angeworben. Allerdings
muß er immer an Julia
denken...

Bayreuth für Anfänger
dtv 11386

Der Ruinenbaumeister
Roman
dtv 11391
Schutz vor dem Weltun-
tergang: Friedrich der
Große, Don Giovanni,
Faust und der Ruinenbau-
meister F. Weckenbarth
suchen Zuflucht.

Herbert Rosendorfer im dtv

Der Prinz von Homburg
Biographie
dtv 11448
Gescheit, anschaulich, genau, dennoch amüsant und unterhaltend schreibt Rosendorfer über diese für Preußen und Deutschland wichtige Zeit.

Ballmanns Leiden oder Lehrbuch für Konkursrecht
Roman
dtv 11486

Die Nacht der Amazonen
Roman
dtv 11544
Die Geschichte Christian Webers, Pferdeknecht aus Polsingen, »alter Kämpfer« und Duzfreund Adolf Hitlers, ist das Satyrspiel zur Apokalypse der Nazizeit.

Herkulesbad/ Skaumo
dtv 11616

Über das Küssen der Erde
dtv 11649

Mitteilungen aus dem poetischen Chaos
dtv 11689

Die Erfindung des SommerWinters
dtv 11782

… ich geh zu Fuß nach Bozen und andere persönliche Geschichten
dtv 11800

Die Goldenen Heiligen oder Columbus entdeckt Europa
Roman
dtv 11967
Östlich von Paderborn: Außerirdische landen in Deutschland, und unaufhaltsam bricht die Zivilisation, unterwandert von der Heilssüchtigkeit der Menschen, zusammen.

Der Traum des Intendanten
dtv 12055

Ein Liebhaber ungerader Zahlen
Roman
dtv 12307

Joseph von Westphalen im dtv

»Westphalen schreckt vor nichts zurück.«
Prinz

Im diplomatischen Dienst
Roman · dtv 11614
Frauenliebhaber Harry von Duckwitz ist unangepaßt, zynisch, unpolitisch – und ausgerechnet Diplomat geworden ...
Ein scharfzüngiger Schelmenroman.

Das schöne Leben
Roman · dtv 12078
Harry von Duckwitz versucht den Zusammenbruch seines Vielfrauenimperiums zu verhindern und eine neue Weltordnung zu schaffen.

Das Drama des gewissen Etwas
Über den Geschmack und andere Vorschläge zur Verbesserung der Welt
dtv 11784
Elementare Bereiche des Daseins – von Westphalen lästerlich kommentiert.

Dreiunddreißig weiße Baumwollunterhosen
Glanz und Elend der Reizwäsche nebst sonstigen Wahrheiten zur Beförderung der Erotik
dtv 11865

Das Leben ist hart
Über das Saufen und weitere Nachdenklichkeiten zur Erziehung der Menschheit
dtv 11972
Über Ärzte, Broker, Photomodelle und andere Helden unserer Zeit.

Die Geschäfte der Liebe
dtv 12024
Bissige, boshafte und brillante Geschichten.

High Noon
Ein Western zur Lage der Nation
dtv 12195
Joe West reitet wieder. Ein Roman zur Entkrampfung der Nation.

Die Liebeskopie
und andere Herzensergießungen eines sehnsüchtigen Schreibwarenhändlers
dtv 12316
Nachrichten über die Liebe und übers Internet.